Diseños en el zoo

Bela Davis

Abdo Kids Junior es una
subdivisión de Abdo Kids
abdobooks.com

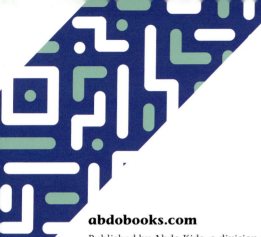

abdobooks.com

Published by Abdo Kids, a division of ABDO, P.O. Box 398166, Minneapolis, Minnesota 55439. Copyright © 2019 by Abdo Consulting Group, Inc. International copyrights reserved in all countries. No part of this book may be reproduced in any form without written permission from the publisher. Abdo Kids Junior™ is a trademark and logo of Abdo Kids.

Printed in the United States of America, North Mankato, Minnesota.

102018
012019

THIS BOOK CONTAINS RECYCLED MATERIALS

Spanish Translator: Maria Puchol

Photo Credits: iStock, Minden Pictures, Shutterstock

Production Contributors: Teddy Borth, Jennie Forsberg, Grace Hansen

Design Contributors: Christina Doffing, Candice Keimig, Dorothy Toth

Library of Congress Control Number: 2018953856
Publisher's Cataloging-in-Publication Data

Names: Davis, Bela, author.
Title: Diseños en el zoo / by Bela Davis.
Other title: Patterns at the zoo
Description: Minneapolis, Minnesota : Abdo Kids, 2019 | Series: ¡Diseños divertidos! | Includes online resources and index.
Identifiers: ISBN 9781532183751 (lib. bdg.) | ISBN 9781641857178 (pbk.) | ISBN 9781532184833 (ebook)
Subjects: LCSH: Pattern perception--Juvenile literature. | Zoos--Juvenile literature. | Mathematics--Miscellanea--Juvenile literature. | Spanish language materials--Juvenile literature.
Classification: DDC 006.4--dc23

Contenido

Diseños en el zoo. 4

Algunos tipos
de patrones 22

Glosario 23

Índice 24

Código Abdo Kids . . .24

Diseños en el zoo

Hay diseños por todas partes.

¡Incluso en el zoológico!

Un diseño con elementos repetidos en un orden es un patrón. Los patrones pueden crearse de muchas cosas diferentes.

El argos real es un ave.

Tiene círculos en sus alas que parecen ojos.

Odin es un dragón de Komodo. Está feliz sobre el tronco. Tiene **escamas** que forman un patrón.

Los zoológicos tienen muchas cercas. Algunas forman un patrón de rombos.

¡Hay también peces en el zoológico! Los peces payaso tienen rayas.

Luna es una hembra de tigre.

Tiene **marcas** en su cara.

También forman un patrón.

¡A Henry le encanta el zoológico! Lleva puesta su nueva camisa de **cuadros escoceses**.

¿Qué patrones ves?

Algunos tipos de patrones

patrón de colores

patrón de tamaño

patrón de formas

patrón simétrico

Glosario

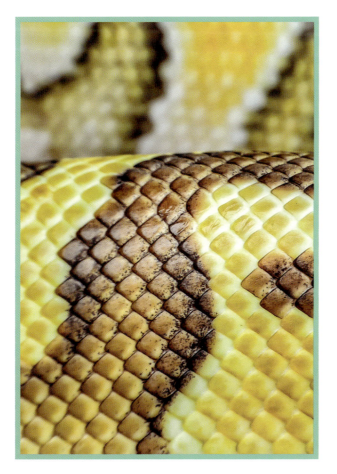

escamas
láminas duras y finas que cubren el cuerpo de ciertos animales, como los reptiles.

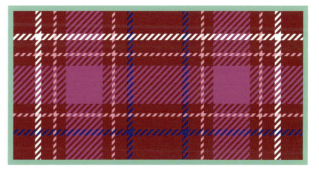

cuadros escoceses
tela con un patrón de franjas de diferentes anchuras y colores.

marcas
patrón de manchas o colores en la piel de un animal.

Índice

argos real 8

camisa 18

cerca 12

color 4

dragón de Komodo 10

línea 4

pez payaso 14

rayas 12, 14

tigre 16

¡Visita nuestra página abdokids.com y usa este código para tener acceso a juegos, manualidades, videos y mucho más!